AF320937

DE

L'EXPÉDITION

DE

QUIBERON.

PAR UN OFFICIER FRANÇOIS,
A BORD DE LA POMONE.

Quis talia fando . . .
Temperet à lacbrimis.
VIRG. ENEIDE.

DE L'IMPRIMERIE DE T. BAYLIS, GREVILLE-STREET.

Et se trouve chez J. DE BOFFE, Libraire, Gerrard-Street;
DEBRETT, Piccadilly; & BOOSEY, Broad-Street, près
de la Bourse-Royale.

1795.

AVIS DE L'ÉDITEUR.

LA Rélation que nous offrons au Public, nous a été adressée par un Officier François qui est dans ce moment à bord de l'Escadre Angloise, & qui a vu de sang froid & sans passion, tous les malheurs que l'ignorance & l'ambition ont causés. Aussi éloignés de l'esprit de parti, que d'aucun intérêt personnel, en livrant ces détails à l'impression, nous croyons devoir assurer le Public en son nom que le desir seul d'éclairer ses compatriotes, & de calmer les haines injustes, l'a déterminé à prendre la plume.

Plus à même sans doute dans le Camp Royal de suivre les opérations relatives à la descente, on ne peut pas comparer son récit aux Rapports que la jactance & l'imposture ont dictés à Tallien & à son Collègue. Quelle confiance pourroit-on avoir dans un Royaliste qui voudroit nous donner jour par jour le détail des mouvements de l'Armée de Hoche ?

DE

L'EXPÉDITION

DE

QUIBERON.

DEPUIS long-tems le Comte *Joseph de Puisaye* occupoit le Gouvernement Anglois de ses projets de descente en Bretagne; il avoit acquis un tel crédit à Londres que les Princes François lui avoient accordé à la sollicitation de l'Angleterre le brevet de Lieutenant-Général & de Commandant des Armées qui débarqueroient en France, avec le droit de conférer en leur nom des graces de tout genre aux officiers & soldats qui se distingueroient. Sa conduite en Angleterre prévenoit en sa faveur & lui concilioit les suffrages; on murmuroit cependant de voir le chef, l'ami, l'envoyé des Chouans, passer à Londres des mois entiers

B

dans

dans un repos & une inaction apparente, tandis que tous les jours les habitans de la Bretagne faisoient le coup de fusil contre les Républicains, & grossissoient un parti à la tête du quel le chef ne se montroit jamais. Cependant les émissaires alloient & venoient, de Bretagne en Angleterre & d'Angleterre en Bretagne, lorsque deux officiers qui avoient déjà plus d'une fois parcouru cette route arrivent à Londres. Ils répondent des dispositions des Chouans, assurent au Gouvernement qu'il ne leur faut que des habits, des munitions & des armes ; qu'ils ont assez de soldats, mais que cependant quelques troupes de ligne sont nécessaires pour protéger cette expédition. Ils ont l'air de craindre qu'on ne leur en envoye trop & qu'on ne dérobe ainsi aux Chouans une partie de leur gloire & de leur succès. Le Cabinet de St. James se détermine alors pour l'expédition qu'on sollicitoit depuis si long-tems. Trompé par l'importance que la Convention Nationale elle-même avoit donnée aux Chouans, séduit par les rapports que leurs émissaires lui faisoient sans cesse, & les espérances que M. *de Puisaye* lui donnoit sans demander pour réussir un seul soldat Anglois, il se décide à employer toutes les troupes Françoises à sa disposition, embarque les corps à cocarde blanche qui se trouvoient en Angleterre, mande l'infanterie Françoise qui étoit

sur

sur le continent, & cherche parmi les officiers celui dont l'existence nouvelle comme Général promet plus d'obéissance à M. *de Puisaye*. M. *Windham*, Ministre de la Guerre, mande à Londres le Comte *d'Hervilly*, Colonel du régiment Royal-Louis ; il lui propose de se charger de commander les troupes Françoises embarquées sur les vaisseaux Anglois, & qu'un conseil de guerre décidera si la descente doit avoir lieu ou non, d'après les nouvelles que l'on recevra de l'intérieur du pays. Le Ministre exige que le commandement de M. *d'Hervilly* cesse dès que les troupes seront débarquées, qu'il reçoive alors les ordres de M. *de Puisaye*, & remplisse les fonctions de Maréchal-Général des Logis de l'Armée. M. *d'Hervilly* se soumet à ces conditions, mais persuadé que les assemblées délibérantes sont toujours pour les partis foibles, il insiste sur le droit de decider seul de la descente, & l'on céde sur ce point.

On embarque les troupes avec la plus grande célérité, & leur destination est un mystère pour tout le monde. Sans tentes, sans effets de campement d'aucun genre, environ 4000 hommes partent escortés par deux vaisseaux de 74 canons & six frégates, sur l'une desquelles étoit le Commodore Sir *John Borlase Warren*. L'Angleterre ne pouvoit

voit

voit remettre en meilleures mains la conduite de cette expédition. Cet officier qui s'étoit si fort distingué & dont les succès avoient été si fort multipliés depuis le commencement de cette guerre, étoit digne par ses talens & surtout par son activité d'une commission aussi importante.

Le Comte *d'Hervilly* avoit eu avant cette époque peu de relations avec M. *de Puisaye*. Des amis communs avoient cherché à les lier ensemble & il s'y étoit toujours refusé. Il se tenoit continuellement à son régiment qu'il avoit porté à un point extraordinaire d'instruction & de discipline. Pendant la traversée, il s'occupa de connoître les moyens & les données de M. *de Puisaye*, & fut extrêmement surpris de voir que non-seulement il n'avoit point de renseignemens certains sur les dispositions des habitans de la Bretagne, mais qu'il n'avoit pas même d'idée fixe sur le lieu où devoit s'effectuer la descente. Il détermine lui-même deux points dans la Baye de Quiberon ceux de Crac & de Carnac : on y envoye deux officiers dans un chasse-marée pour sonder le terrein, & connoître l'esprit dominant dans cette partie de la Bretagne. Divers événements imprévus obligent le convoi de tenir la mer pendant un tems considérable. La vue de l'escadre Françoise, un coup de vent très-violent, le com-

bat

bat où l'Amiral *Bridport* prit trois vaisseaux, empêchèrent Sir *John Borlase Warren* d'arriver plutôt à sa destination. Ce ne fut que le seizième jour qu'il fit mouiller son convoi entre l'Isle Dieu & celle de Noirmoutier. On étoit alors très-près de l'armée de *Charette*; mais outre que le débarquement dans cette partie n'auroit point été protégé, il n'étoit ni dans le plan tracé par le Gouvernement, ni dans les vues de M. *de Puisaye*. Il n'auroit joué auprès de *Charette* qu'un rôle très-secondaire, & son ambition étoit loin de s'en contenter. Il fallut donc lever l'ancre le lendemain matin pour se rendre à la Baye de Quiberon. Des pilotes côtiers François vinrent à bord du Commodore dans une barque décorée d'un pavillon blanc, criant *vive le Roi!* Ils se chargèrent du convoi qui répétoit avec enthousiasme les cris de *vive le Roi!* & le menèrent à la Baye de Quiberon, où il mouilla le même soir 25 Juin.

Soit que les officiers envoyés plusieurs jours auparavant ne fussent pas revenus, soit que les renseignements qu'ils donnèrent ne fussent pas satisfaisants, M. *d'Hervilly* qui descendit seul à terre dès le même soir, & qui s'entretint même avec plusieurs habitans du village de Carnac, ne jugeant pas que les secours fussent assez sûrs, ni assez considérables, ne trouvant pas d'ailleurs

dans

dans les Chouans les moyens que leurs prôneurs
vantoient sans cesse, décida, en conséquence des
ordres de la Cour de Londres, que la descente
n'auroit pas lieu ; vu qu'il ne pouvoit sans ressources intérieures avanturer dans un pays ennemi une armée aussi foible que la sienne. Sir
John Borlase Warren, & M. *de Puisaye* qui voyoit
par-là évanouir toutes ses espérances, pressèrent
vivement M. *d'Hervilly*, & lui représentèrent
qu'il pouvoit toujours tenter la descente ; qu'il
seroit le maître de se rembarquer si les promesses
qu'on lui avoit faites ne se réalisoient pas, & que
les Chouans ne vinssent pas le joindre en nombre
suffisant pour pouvoir résister aux armées Républicaines.

Ils piquèrent son amour-propre & son courage,
Entraîné peut-être par le désir d'agir encore plus
que par d'aussi pressantes sollicitations, espérant
par le séjour du convoi dans la Baye de pouvoir
se rembarquer au moment où il deviendroit impossible de tenir contre des forces supérieures, le
Comte *d'Hervilly* céda, & le 26 le Commodore
fit le signal au convoi de mettre tous les bateaux
plats à la mer. L'ordre fut donné de distribuer
30 cartouches & deux pierres à fusil par homme,
de prendre pour quatre jours de vivre, de ne por-

ter

ter avec soi d'autre équipage que les sacs, & de se tenir prêt pour 11 heures du soir.

Toutes les troupes au nombre environ de deux mille quatre ou cinq cents hommes en état d'agir passèrent toute la nuit dans les chaloupes, & vers la pointe du jour le 27 on s'approcha de la côte de Carnac. Il y avoit environ deux cents Républicains qui d'abord firent mine de vouloir s'opposer à la descente. On pouvoit, on devoit même supposer que ce peu de monde n'étoit que l'avant-garde d'un corps plus considérable. Il devoit paroître étonnant que deux cents hommes pussent faire la loi dans un pays où l'on assuroit qu'il y avoit tant de milliers de Chouans, mais ce n'étoit pas le moment de raisonner.

Les chaloupes avancent, le Comte *d'Hervilly* ordonne au régiment de la Chatre qui se trouvoit à la gauche de la ligne, de se diriger vers une anse qui étoit à la droite des ennemis, & d'attendre pour débarquer qu'il soit prêt à descendre avec son régiment sur leur gauche, afin de les entourer & de leur couper la retraite. Il descend le premier, on le suit avec une ardeur incroyable, les soldats impatients se jettent dans la mer jusqu'au col, & les deux cents Républicains cherchent leur salut dans la fuite : on ne croit pas devoir les

pour-

poursuivre; il y eut quelques Chouans qui les fusillèrent à leur passage sur la route d'Auray, où leur retraite précipitée porta la consternation & l'effroi. Les habitants du bourg de Carnac & des environs viennent entourer le Général, ils croient voir en lui un ange libérateur, & les cris de *vive le Roi!* dont l'air retentit de toute part, font espérer que cette heureuse journée n'est que le prélude de succès plus importants. Les soldats, parmi lesquels un grand nombre étoit suspect, paroissent électrisés, & répétent à l'envi les cris de *vive le Roi!* Des colonnes nombreuses de paysans arrivent à chaque instant pour voir l'armée & partager la joie commune. On commence à leur distribuer des armes & des habits, & dès lors même un esprit sage pouvoit prévoir à la manière dont se faisoit cette distribution, les malheurs qui sont arrivés. Sans distinction de taille, d'âge & de sexe (car on a vu plus d'un fusil entre les mains des femmes), on donnoit sans ordre, sans précautions, des fusils à tout ce qui se présentoit. Le poids des armes étoit souvent au-dessus des forces de celui qui les recevoit. On brisoit les caisses d'armes à mesure qu'on les débarquoit, sans examiner si elles étoient destinées pour être distribuées. L'armement neuf des troupes de ligne, & jusqu'à leur habillement se trouve déjà entre les mains des paysans, sans qu'il soit possible de l'empêcher.

pêcher. Ces détails qui peuvent paroître frivoles annonçoient déjà le désordre qui a régné depuis dans l'armée, & les malheurs qui en ont été la suite. La distribution des armes a continué plusieurs jours avec le même désordre, plus de dix-huit mille fusils de toute espèce ont été délivrés, sans que l'on sût si ceux qui les recevoient étoient amis ou ennemis : le moindre inconvénient qui pouvoit en résulter & qui est arrivé, c'étoit que ceux à qui on les avoit donnés les jettassent dès qu'ils se trouveroient un peu pressés par les Républicains.

Le Comte *d'Hervilly* laissa reposer l'armée sur le rivage, où les paysans s'empressèrent de lui apporter à l'envi des rafraichissements. Il prit ensuite la compagnie des grenadiers de Loyal Emigrant, une de son régiment, & accompagné d'un de ses Aides Majors il alla à la tête de ces troupes reconnoître le terrein & les villages qui étoient devant lui.

Il commença sa tournée par la droite où étoit un petit poste assez important appellé le Mont St. Michel ; le pavillon blanc y flottoit ainsi qu'à Carnac, & il étoit confié à un Capitaine de Chouans à la tête de cinquante paysans ; le Comte *d'Hervilly* crut devoir leur en laisser la

C

garde

garde jusqu'à nouvel ordre : il continua sa tournée en avant de Carnac jusqu'au village de
Plouarnel que les Républicains (vraisemblable-
ment les mêmes qui avoient fait mine de s'opposer à la descente) n'avoient abandonné que le
matin même. Il y fit rafraichir son détachement avec les vivres qu'ils y avoient laissés en
abondance, & s'étant assuré du pays qui étoit
devant lui, sachant d'ailleurs par les habitans,
tous bien intentionnés, que tout ce qu'ils appel-
loient Bleus s'étoit retiré sur Aurai & Landévan
à plus de deux mortelles lieues de Carnac, il re-
vint au bord de la mer & mit ses troupes en cantonnement dans les différents villages. Carnac
fut destiné à son régiment, Hector occupa les
villages de droite, Dudresnai ceux de gauche,
Loyal Emigrant fut placé en avant un peu sur
la gauche, l'artillerie en arrière à St. Clement, &
le quartier-général de M. *de Puisaye* à la Genèse
sur le bord de la mer. Cette position étoit bien
prise, elle formoit un arc de cercle qui étoit
bordé de droite & de gauche par la Baye, &
présentoit une retraite assez bonne, au cas que
l'on fût obligé à se rembarquer.

L'armée a passé depuis le 27 Juin jusqu'au 2
Juillet dans ces cantonnements, sans qu'on lui
ait fait faire aucun mouvement ; des détache-
ments

ments de grenadiers & de Chouans furent les seuls qui marchèrent en avant aux villages de Landevan & de Mindon, afin de couper aux Républicains la communication de l'Orient avec Aurai & Vannes. C'est alors que les Chouans commencèrent à montrer le peu de fond qu'on devait faire sur eux ; deux ou trois mille environ apperçurent à peine deux ou trois cents Bleus, qu'ils jettèrent leurs armes & prirent la fuite. Leur terreur panique cessa cependant, ils reprirent leurs armes mais il fut impossible de les porter en avant. C'était M. *de Vauban* qui commandoit cette première expédition, elle ne dut pas lui donner une grande opinion des instruments de sa gloire future, & ces troupes ne se démentirent point dans toutes les opérations subséquentes dont il fut chargé ; nous en parlerons en tems & lieu.

Une autre division de Chouans aux ordres de M. *de Boibertelot* s'étoit emparé d'Aurai que les Républicains avoient abandonné, & ils l'évacuèrent à la vue de quelques patriotes & de deux pièces de canon sans tirer seulement un coup de fusil. Cependant les ennemis se rassuroient par notre inaction ; MM. *de Tintiniac* & *de Boibertelot* avoient été attaqués entre Aurai & Carnac. Tous les jours le nombre des Républicains augmentoit,

& il

& il devenoit instant de prendre un parti quelconque. Sir *John Borlase Warren* fut prévenu qu'on seroit peut-être obligé de se rembarquer, les moyens de retraite furent examinés avec un soin particulier. Le 29 & le 30 on s'attendoit à être attaqué vigoureusement, heureusement ou malheureusement on ne le fut pas alors, & l'on continua à s'occuper tranquillement du débarquement des effets les plus essentiels aux troupes.

Tous ces événements affermissoient M. *d'Hervilly* dans l'opinion où il étoit qu'il seroit infiniment dangereux de s'enfoncer dans l'intérieur du pays avec une armée aussi foible & des alliés sur lesquels on pouvoit si peu compter. Il rompoit continuellement des lances contre M. *de Puisaye*, qui n'étant nullement militaire, & croyant avoir plus de ressources du côté de Rennes, parloit toujours d'avancer, & de se porter sur cette ville. D'ailleurs il étoit important de s'emparer d'un port ou au moins d'un poste qui permît à la Cour de Londres d'envoyer les secours qu'elle avoit promis si la descente réussissoit.

La presqu'isle de Quiberon qui ferme la Baye & qui étoit elle-même défendue par un fort assez imposant offroit ces avantages. Elle étoit protégée de Ste. Barbe au fort Penthievre par une
langue

langue de terre de près de trois lieues de long, d'un demi mille dans sa plus grande largeur, & terminée sous le canon du fort par un espace d'un mille environ, qui n'offroit aucun abri quelconque & rendoit ses approches extrêmement difficiles. C'est ce fort nommé Sans Culotte par les Républicains, que les Généraux se décidèrent enfin à attaquer le 2 au soir, & il fut convenu que le Général *Puisaye* à la tête du régiment d'Hector, de Loyal-Emigrant, & d'une quantité considérable de Chouans, feroit avec tous les soldats Anglois garnison de vaisseaux une descente à la pointe de la presqu'isle, tandis que les vaisseaux canonneroient le fort, & que le Comte *d'Hervilly* s'avançant avec son régiment & Dudresnay par Ste. Barbe, tenteroit l'escalade s'il la jugeoit praticable & nécessaire. Sa division étoit déja en marche depuis la veille au soir ; le jour commençoit à paroître lorsque le Général lui-même vint lui donner l'ordre de retourner à Carnac. Le vent avoit empêché la marine Angloise d'exécuter sa diversion, & l'on remit l'attaque au lendemain.

La division du Comte *d'Hervilly* se trouva en effet à la pointe du jour sous le canon du fort dans la falaise, les ennemis venoient de tirer le coup de canon de Diane, on croyoit qu'ils alloient se défendre ;

fendre ; mais quoique dans plusieurs positions les troupes fussent totalement à découvert, & même assez éloignées des sinuosités qui auroient pu leur offrir un abri, quoique le Comte *d'Hervilly* pour se faire appercevoir montât avec les officiers qui l'entouroient sur les endroits les plus élevés, l'ennemi que l'on distinguoit parfaitement avec la lunette parut plus occupé de ce qui se passoit du côté de la mer, que de ces troupes, & ne tira pas un seul coup de canon. Cependant les vaisseaux n'avoient pas encore commencé l'attaque, & le débarquement n'étoit pas effectué, lors qu'on vit quelques soldats descendre du fort. Le Comte *d'Hervilly* croit que ce sont des tirailleurs, il en commande à son tour, mais ils restent en présence sans tirer ni de part ni d'autre. Enfin un officier Républicain s'avance seul & demande ce qu'on vouloit ? " Vous prendre, lui répond-on ; nous " ne venons point pour vous faire du mal, mais " pour servir la cause de la religion & du Roi, " pour assurer votre bonheur, & vous soustraire " à la tyrannie sous laquelle vous gémissez." M. *de Langlet*, Colonel commandant le génie & 1er Aide Maréchal des Logis des troupes soldées (les troupes soldées & non soldées composoient deux armées différentes, qui avoient chacune leurs Généraux & leur Etat-Major particulier) ; M. *de Langlet*, dis-je, fut celui qui porta la parole, &

de

de colloque en colloque, après bien des voyages faits dans le fort par l'officier Républicain, il fut convenu que le Comte *d'Hervilly* seul avec M. *de Langlet* y entreroit, se rendroit dans la presqu'isle, & régleroit avec le Gouverneur & la Municipalité les conditions de la capitulation. L'armée eut ordre d'attendre en silence, & sans faire le moindre mouvement qui pût donner de l'ombrage au fort, le retour de son Général. Les lois de l'honneur & de la guerre ne lui permettoient pas de douter de sa sûreté, cependant elle eut peine à se défendre d'un sentiment d'inquiétude, en songeant à tous les crimes & à toutes les perfidies dont les armées Républicaines s'étoient souillées depuis le commencement de la Révolution. Elle n'avoit qu'un cri & qu'un sentiment, " qu'ils " prennent garde à eux (entendoit-on dans tous " les rangs), s'ils ne nous renvoyent pas bientôt " notre Général, notre père, nous jurons que pas " un d'eux n'échappera à notre juste fureur."

Cependant il fallut un tems considérable pour se rendre au milieu de la presqu'isle, & réunir les opinions. M. *d'Hervilly* assis à la Municipalité, & impatienté des longueurs que l'on mettoit à la capitulation, tire sa montre & la pose sur la table: " Si dans cinq minutes, leur dit-il, la capitulation " n'est pas signée, & que vous ne vous soyez pas

" rendus

" rendus à discrétion, je ressors de l'isle, j'at-
" taque sur le champ, je prends votre fort d'as-
" saut, & pas un de vous n'échappera à la ven-
" geance & à la fureur du soldat."

Ce discours ferme, la nouvelle de la descente des troupes à la pointe de l'isle, hâtent la décision du Gouverneur, & la capitulation est signée. On questionne M. *d'Hervilly* sur les cocardes nationales, & si l'on peut les conserver lorsque les troupes prendront possession du fort ; " je ne " vous le conseille pas, répond le Général, mes " soldats n'aiment pas la cocarde nationale ;"— " Mais (dit un officier municipal) je ne puis pas " quitter mon écharpe, je suis un officier consti" tué."—" Bah ! (dit un autre), est-ce que tu " ne vois pas qu'on nous déconstitue !"

Enfin le Général vient rejoindre son armée qui le reçoit avec les démonstrations les plus flatteuses du plus vif intérêt, il est accueilli par les cris de *vive le Roi! vive notre brave Général!* & les transports de joie redoublent encore au moment où le drapeau tricolore qui flottoit sur le dongeon tombe, & fait place au pavillon blanc.

Les compagnies des grenadiers de Royal Louis, Dudresnay & l'artillerie, avec les drapeaux de ces deux régiments; leurs chefs à leur tête, vont prendre possession du fort. On y trouve les Anglois, le régiment d'Hector en bataille, Sir *John Borlase Warren* & le Général *Puisaye* qui étoient descendus à l'extrémité de l'isle. On ajoute le pavillon Anglois au pavillon blanc en signe d'union ; on fait l'inventaire des munitions peu considérables qui se trouvent dans le fort, & quant aux vivres on n'en trouve d'aucune espèce ; depuis plus de huit jours la garnison composée d'environ 5 à 6 cents hommes, étoit réduite à un morceau de biscuit par jour. C'est sans doute à cette disette que l'on doit attribuer une aussi foible résistance. Les malheureux prisonniers trompés par leurs meneurs sur le compte des émigrés, n'avoient qu'un seul cri, & ce cri étoit qu'on leur accordât la vie. . . . On laissa le régiment d'Hector pour la garde du fort & de la presqu'isle, & tout le reste des troupes reçut ordre de rentrer dans ses cantonnements respectifs.

Nous n'avons eu jusqu'ici que des succès à rapporter; hélas ! la scène va bien changer. Une mesure bien concertée & que la foiblesse de l'armée rendoit indispensable va devenir la source des plus grands malheurs. On détermine dans le

conseil

conseil des Généraux que le surlendemain 5, toutes les troupes soldées abandonneront leurs cantonnements, & se retireront dans la presqu'isle de Quiberon, que M. *de Vauban* avec une division de Chouans restera à Carnac & dans les villages environnants, & qu'alors pendant le séjour que l'on fera dans la presqu'isle, on s'occupera de remettre un peu d'ordre & de discipline parmi les troupes que plusieurs jours de cantonnement avoient déjà beaucoup dérangées ; que l'on travaillera à organiser & instruire un nombre considérable de Chouans ; que l'ordre sera établi dans les vivres & dans les distributions, & que l'Intendant de l'Armée sorti des bancs du parlement pour venir exercer des fonctions qui lui sont entièrement étrangères, profitera de ce moment de repos pour s'intruire de son métier.

Cette fureur de ne vouloir jamais mettre personne à sa place, qui nous avoit déjà fait tant de mal en France avant la Révolution, a encore eu des effets bien funestes dans cette malheureuse expédition. L'imagination la plus exagérée ne peut pas concevoir le désordre qui n'a cessé de régner dans cette partie de l'administration de l'armée ; les distributions qui auroient dû se faire la veille au Quartier-Général, afin que dans l'intérieur des régiments on pût délivrer les vivres

de

de bonne heure, étoient faites si tard qu'il étoit souvent six heures du soir avant que les soldats eussent eu quelque chose à manger.

Le trois & le quatre, les Chouans qui étoient postés dans les villages entre Landevan, Mindon, Aurai & l'armée, furent attaqués par quelques avant-postes patriotes, & il fut impossible à leurs différents chefs, M.M. *de Vauban, de Tintiniac & de Boibertelot* de les faire tenir un seul instant. Les deux derniers portèrent même un tel effroi à Carnac que l'on croyoit déja que des colonnes nombreuses de patriotes viendroient attaquer l'armée dès la nuit même. M. *de Vauban* prit cependant une position à une lieue en avant de Carnac, les ennemis ne le pousuivirent pas, & l'armée resta fort tranquille dans ses cantonnements jusqu'au Dimanche 5, qu'elle partit pour Quiberon.

Les malheureux habitants de Carnac & des villages environnants, prévoyoient d'avance toutes les horreurs aux quelles le départ de l'armée les laissoit exposés. Ils la conduisirent assez loin de chez eux en versant des torrents de larmes, se plaignant même avec amertume de ce qu'on les avoit trompés, & de ce qu'après leur avoir offert un espoir momentané on les laissoit sans défense

exposés

exposés à la rage féroce des Républicains. Une partie d'entre eux abandonna même ses foyers & ses propriétés pour suivre l'armée jusques dans Quiberon. On avoit beau les assurer qu'on ne tarderoit pas à revenir, qu'en attendant on leur laisseroit des Généraux Royalistes & des Chouans pour les protéger, ils connoissoient trop bien leurs compatriotes pour être rassurés par de tels défenseurs : aussi les officiers chargés du logement trouvèrent ils à leur arrivée dans l'isle presque tous les villages occupés par des Chouans. Il falloit cependant que les troupes qui arrivoient fatiguées, & dont une grande partie n'avoit point mangé depuis la veille, trouvassent leurs logemens & leurs vivres préparés. Un de ces officiers rencontre le Général *Puisaye* entouré de son Etat-Major & d'un nombre considérable de Chouans, qui sans doute étoient venus se plaindre de ce qu'on les avoit délogés.

" Il est bien extraordinaire, Monsieur, (dit un
" des Aides de Camp du Général à cet officier)
" que l'on déloge ces braves Chouans, & que
" quelqu'un se permette sans ordre de les faire
" sortir du village où ils sont établis ; il est
" bien plus extraordinaire encore, Monsieur, que
" les logemens désignés par le Maréchal-Général
" des Logis de l'Armée, soient occupés par des
" Chouans,

" Chouans, & que les troupes qui n'ont point
" mangé de tout le jour & qui arrivent harassées,
" ne puissent pas au moins se coucher en arri-
" vant. Il est impossible, Monsieur, ajouta-t-il
" en regardant le Général, que les soldats passent
" la nuit dans la rue." Alors M. *de Puisaye*
prend la parole & lui dit avec ce ton emphatique
qui lui est si particulier, " Monsieur, s'il faut que
" quelqu'un couche dans la rue ou des troupes
" *étrangères*, ou de ces braves & généreux Chou-
" ans qui nous ont accueillis avec tant de bonté,
" ce doit être sans doute les troupes *étrangères*."
Etonné, confondu d'un propos si extraordinaire
& si inattendu, cet officier retourne vivement son
cheval sans dire autre chose à M. *de Puisaye*,
si non qu'il en va rendre compte à M. *d'Her-*
villy. Ce ne fut qu'avec la plus grande difficulté que celui-ci put le convaincre de la néces-
sité de cantonner des troupes qui quoi qu'*étran-*
gères n'avoient point de tentes. Ce ne fut qu'à
sept heures du soir qu'elles entrèrent dans leurs
logements, où l'on distribua à-peine six onces de
biscuit par homme.

Soit que les Républicains aient été instruits par
leurs espions de la retraite de l'armée dans la presqu'isle de Quiberon, soit que jusqu'à ce moment
ils ne se soient pas crus assez en force pour venir
l'atta-

l'attaquer, & que leur jonction ne se soit opérée qu'au même instant ; à peine les troupes furent-elles entrées dans le fort que les Républicains qui étoient à Aurai, Landevan & Mindon, s'avancèrent sur Carnac, Plouarnel & Ste. Barbe. Ils chassèrent devant eux la division de M *de Vauban* dont une partie se jetta dans les chaloupes que les Anglais avoient envoyées à terre pour les sauver tandis que l'autre partie se retira en désordre par la falaise. Une multitude innombrable de femmes & d'enfans les accompagna, & fut poursuivie par les Républicains qui s'avancèrent dans la journée du Lundi cinq, jusqu'à portée de canon du fort ; leurs tirailleurs vinrent même assez près pour que les balles de leurs carabines portassent dans les retranchemens, ils blessèrent quelques Chouans qui leur étoient opposés dans la falaise, & firent au bout de quelques heures leur retraite laissant deux ou trois hommes sur le champ de bataille. Les colonnes se replièrent aussi peu avant la nuit & furent s'établir & se retrancher sur les hauteurs de Ste. Barbe ; ils allumèrent de grands feux tout le long de la côte, ils paroissoient occuper un front de plus de 4 lieues. On avoit rassemblé toutes les troupes dans le fort dès l'instant où la tête des colonnes ennemies avoit été apperçue, tous les postes avoient été garnis avec soin,

soin, celui dont l'abandon est devenu depuis si fatal n'avoit pas été négligé par le Comte *d'Her-villy*, qui y avoit placé lui-même deux compagnies de son régiment. Il connoissoit combien sa foiblesse pouvoit donner de facilité à l'ennemi pour s'en emparer, & il avoit donné les ordres les plus positifs à l'officier qui y commandoit, d'observer avec la plus grande attention les mouvements de l'ennemi dans cette partie. A l'entrée de la nuit il renvoya une partie des troupes dans leurs cantonnements, il ne garda qu'un détachement de deux cents hommes de chacun des régiments d'Hector & Dudresnay, une compagnie d'artillerie, environ deux cents Chouans qui, dans la multitude de ceux qui s'étoient retirés dans la presqu'isle, furent les seuls qui s'offrirent pour marcher à l'ennemi, & son régiment entier excepté la compagnie des chasseurs auxiliaires qui, formée la veille des prisonniers faits dans le fort, avoit besoin d'être surveillée.

M. *de Puisaye* se rendit dans le fort à onze heures du soir avec son Etat-Major, & peu d'instants après les troupes commencèrent à défiler vers la falaise. ' Sans doute cette sortie ainsi que toutes les opérations précédentes, avoit été concertée entre MM. *de Puisaye* & *d'Hervilly*; mais soit par vertu, soit par goût, le général en chef sembloit

sembloit avoir laissé à M. le Comte *d'Hervilly*, la gloire & les embarras du commandement. Il suivoit les colonnes plutôt comme volontaire que comme Général, sans donner un seul ordre, & sans que personne crût en avoir à recevoir de lui. Le Général *d'Hervilly* disposa ses troupes de la manière suivante, & s'il changea pour cette fois seulement l'ordre de bataille qui avoit été désigné dès Carnac, c'est que l'armée n'étoit pas complette & que marchant en partie par détachement, il devenoit impossible de s'y astreindre en totalité.

Il plaça les Chouans en tirailleurs, & fit sans doute une très-grande faute de les employer ainsi; personne ne connoissoit mieux que lui combien ces troupes étoient peu dignes d'un poste si difficile & si important, leur conduite pusillanime qui l'avoit fait jurer tant de fois contre eux depuis le jour du débarquement, auroit dû l'empêcher de les placer à l'avant-garde.

Le détachement du régiment d'Hector fut divisé en cinq pelotons qui devoient marcher à distance égale les uns des autres, augmentant les intervalles à mesure que le terrein se rétréciroit ou s'élargiroit, les deux pelotons de droite & de gauche devant suivre exactement le bord de la

mer

mer de chaque côté. Le régiment de Royal-Louis sur deux colonnes ainsi que celui de Dudresnay devoient marcher derrière, ayant soin de se tenir toujours vis-à-vis des intervalles des cinq pelotons d'Hector: l'artillerie marchoit avec ses canons dans l'intervalle des bataillons.

L'armée ainsi disposée arriva avant le jour vis-à-vis des avant-postes ennemis; les Chouans reculèrent au premier coup de fusil & se jettèrent dans les colonnes. Le Général, aidé des officiers qui l'entouroient, ne put jamais parvenir à les faire avancer, malgré les coups de plat de sabre qu'on leur distribuoit, L'Armée Royale avançoit l'arme au bras, les avant-postes des ennemis se replient, on entend battre la générale dans le camp, & tout le désordre d'une armée qui est surprise. Quelques voix crioient même, *sauvez les canons, nous sommes perdus.*

Les avant-postes en se retirant faisoient cependant un feu soutenu qui mit le désordre dans l'Armée Royale. Les soldats sans songer qu'ils étoient en colonne tirent leur coup de fusil en l'air, & ce n'est qu'avec la plus grande difficulté qu'on parvient à rétablir l'ordre. On n'avoit pas ce jour-là le projet d'attaquer les ennemis, le but de la sortie paroissoit rempli; on avoit reconnu

E

leur

leur position. Déjà ils se retiroient dans leurs retranchements sur les hauteurs de Ste. Barbe, d'où
ils foudroyoient nos colonnes avec des boulets &
des obuzes, plusieurs tant officiers que soldats
y furent grièvement blessés. Le Général *d'Hervilly* ordonna la retraite, & l'armée dès ce jour-là
dut son salut aux chaloupes canonnières Angloises,
dont le feu arrêtant les colonnes des ennemis qui
la poursuivoient, lui permit de rentrer tranquillement dans le fort.

Cette retraite ne se fit cependant pas sans perte;
on fut obligé de laisser un caisson dont l'avant
train fut brisé par un boulet. Les ennemis dans
leur rapport grossirent les désastres de l'Armée
Royale, qui de son côté se trouva étonnée de s'être
aussi bien comportée au feu la première fois
qu'elle y alloit, & elle fut totalement rassurée
lorsqu'à la reconnoissance du dix les troupes
moins nombreuses & éclairées par le régiment
Loyal-Emigrant se furent emparées du camp des
ennemis, & rapportèrent en triomphe de la
viande, des draps & une multitude d'effets que les
Républicains avoient enlevés aux malheureux habitants des pays où ils avoient passé.

Depuis le dix jusqu'au quinze les deux armées
restèrent tranquilles dans leurs cantonnemens.

On

On voyoit distinctement les nombreux ouvrages que les Républicains faisoient à Ste. Barbe. On devoit sentir que la difficulté de les forcer augmentoit de jour en jour, & l'on devoit croire que les Généraux considérant enfin leur position sous son véritable point de vue, s'attacheroient à la défensive, retrancheroient le fort avec une activité soutenue, donneroient tous leurs soins à sa conservation, attendroient tranquillement les secours promis & annoncés sans cesse, ou se décideroient pour le rembarquement, si les ennemis par la supériorité du nombre finissoient enfin par le rendre nécessaire.

Au lieu de cela la partie militaire fut conduite avec aussi peu de réflexion que la partie administrative que M. *de Puisaye* s'étoit réservée comme plus analogue à ses goûts & à ses talents. Loin de remplir le but qu'on s'étoit proposé en se retirant dans la presqu'isle, d'établir de l'ordre dans les vivres & dans les distributions, le désordre ne fit que s'accroître dans une progression effrayante. Le Général *Puisaye* détermina à force de persécutions Sir *John Borlase Warren* à faire débarquer sans perdre de tems toutes les provisions qui étoient à bord des transports, & ces provisions destinées à l'armée, furent distribuées, & souvent

même

même pillées par les Chouans inutiles qui remplissoient la presqu'isle.

De son côté M. *d'Hervilly* souffroit impatiemment que des colonnes ennemies le bloquassent dans la presqu'isle ; il savoit bien qu'on lui envoyoit des secours d'Angleterre, mais il sembloit inquiet de les voir arriver, sans avoir auparavant forcé les ennemis à abandonner leurs retranchements. On met à l'ordre du quinze que les troupes se tiendront prêtes à marcher le soir même & l'on décide un plan d'attaque générale.

Ce plan étoit très-bien conçu, mais il étoit au moins prématuré. Un succès complet n'eut abouti à rien ; quand même l'on seroit parvenu à déposter les ennemis alors au nombre d'environ six mille hommes, (ce qu'on ne pouvoit faire sans une perte considérable) il falloit toujours rentrer dans la presqu'isle, jusqu'à l'arrivée des secours, pour être en état de résister a cette hydre sans cesse renaissante.

Cette faute que l'ambition de se distinguer a fait commettre à M. *d'Hervilly* est une des plus difficiles à excuser. On a beau objecter que M. *de Puisaye* étant Commandant en Chef devoit répondre de toutes les mesures générales, cela ne sauroit

roit disculper M. *d'Hervilly* qui par son caractère & la confiance illimitée du Gouvernement Anglois avoit une très-grande influence dans les conseils. Comme il est peu de François qui n'aient eu à gémir des désastres affreux suites de cette malheureuse attaque, il est très-naturel que la vengeance & même l'envie aient cherché depuis à déchirer impitoyablement ce Général.

Notre tâche n'est ni de l'accuser, ni de le défendre : c'est au lecteur à juger d'après les faits ; nous devons nous borner à dire la vérité quelqu'affligeante qu'elle puisse être.

M. *de Vauban*, aidé de quelques soldats Anglois destinés à garder les postes importants, devoit avec environ deux mille Chouans débarquer vers minuit, dans le même point où l'armée étoit descendue le 27 Juin, marcher au Mont St. Michel & s'en emparer; de-là continuer sa route en avant de Carnac, évitant avec soin les villages, passer entre le Château de Kergouliar & Plouarnel, & prendre par conséquent les batteries & retranchements de Ste. Barbe par derrière. Cette commission qui paroît difficile, n'offroit cependant pas de grands dangers, puisque dans le même moment, l'armée de ligne devoit attaquer par la falaise, & occuper principalement l'ennemi.

M. *de*

M. *de Vauban* devoit tirer une fusée s'il débarquoit, deux s'il marchoit en avant, & trois s'il
étoit forcé à se rembarquer. Il descendit effectivement, marcha en avant, & fit les signaux convenus. A peine les Chouans entendirent ils tirer
un coup de fusil qu'ils coururent se rembarquer
à la hâte, jurant qu'ils n'iroient pas plus loin, &
revinrent à Quiberon pendant l'obscurité de la
nuit. Il étoit impossible au Comte *d'Hervilly* de
voir ce mouvement, les trois fusées qui devoient
l'indiquer n'ayant point été tirées.

Les troupes soldées marchoient cependant dans
la falaise avec le plus grand ordre ; le régiment
de Loyal Emigrant faisoit l'avant-garde, Hector
faisoit la colonne de droite, Dudresnay celle du
centre, & Royal Louis la colonne de gauche.
L'artillerie composée de six pièces de quatre &
de deux de huit suivoit l'armée. Par la na-
ture des montagnes de Ste. Barbe qui ne se trouvoient pas absolument perpendiculaires sur la falaise, & qui refusoient considérablement leur aile
droite, la colonne de gauche de l'Armée Royale se
trouvoit beaucoup plus éloignée des retranchements que celles du centre & de droite ; elle
étoit destinée par une marche forcée à entourer
l'aile droite des ennemis, & à les prendre par ce
flanc

flanc pendant qu'Hector & Dudresnay la prendroient en avant.

Enfin l'avant-garde de l'Armée Royale joignit un peu avant le jour les avant-postes de l'armée Républicaine. Le feu commença & suivant leur usage ceux-ci se retirèrent en tiraillant. Les colonnes continuèrent d'avancer, & toute l'armée Républicaine abandonna son camp & se retira dans ses retranchements. Il s'agissoit dans cette position de prendre un parti, M. *de Rotalier* commandant l'artillerie, & M. *de Langlet* s'approchent du Comte *d'Hervilly*, le premier lui propose de faire prendre à l'artillerie une position qui protège son attaque, s'il se décide à la faire, ou le pillage du camp, s'il n'avance pas d'avantage. Ils se réunissent tous les deux pour l'engager à borner au dernier parti les opérations de la journée. On ne pouvoit pas douter, quoique les trois fusées qui devoient indiquer le rembarquement n'eussent pas été tirées, que l'attaque de M. *de Vauban* ne fût manquée, puisque l'on n'entendit pas tirer un seul coup de fusil du côté de Ste. Barbe, & que les ennemis paroissoient fort tranquilles dans leurs retranchements.

Le jeune & brave *Sombreuil* arrivé la veille se réunit à ces deux officiers expérimentés pour engager

gager M. *d'Hervilly* à ne point attaquer, & il paroît céder à leurs avis, lorsqu'au même instant
croyant voir du désordre parmi les ennemis, il ne
se souvient plus que deux fois (le 7 & le 10) il a
échappé à leur ruse perfide. Il oublie que leur
unique désir est de l'attirer sous le feu de leurs
batteries, & voulant en finir (ce fut son expression)
il ordonne la charge.

Le regiment d'Hector reçoit l'ordre de se porter à gauche & de se réunir à la colonne du régiment Dudresnay ; c'est pendant ce mouvement,
au moment où les deux colonnes de droite arrivent à hauteur des retranchements, qu'elles sont
foudroyées par une batterie qui fournit un feu de
mitraille comme aucun militaire ne se souvient
d'en avoir vu. Malgré toute la valeur des officiers il leur est impossible de retenir leurs soldats
dont la moitié étoit déja couchée sur le champ de
bataille, ils se dispersent, jettent leurs armes, leurs
habits, & jusqu'à leurs souliers pour fuir plus
vîte. La Marine Royale sur 72 officiers en a eu
seize de tués, & 55 de blessés. Dudresnay en a
perdu aussi un très-grand nombre parmi lesquels
on compte son digne Lieutenant-Colonel, qui de
Quiberon voyoit distinctement les tours de son
château, & que les Républicains mêmes ont
pleuré.

M. de

M. *d'Hervilly*, qui avoit fait porter l'artillérie à la hauteur des tirailleurs, & qui se plaignoit encore qu'elle n'avançoit pas assez, voyant les désordres des colonnes de droite, avoit à peine fait le commandement de demi-tour à droite, qu'il est atteint d'un biscayen qui lui traverse le corps, & le met entièrement hors de combat. On n'avoit pas eu le soin indispensable de désigner un commandant en second; personne ne savoit plus à qui s'adresser pour avoir des ordres, & les hussards ennemis soutenus de deux colonnes qui étoient sorties de leurs retranchements pour poursuivre l'Armée Royale & gêner sa retraite, mirent d'abord le désordre dans le régiment Royal Louis, le seul qui présentât encore une ombre de régularité. L'artillerie avoit été en grande partie abandonnée faute de chevaux pour la traîner. Cinq pièces étoient restées entre les mains des ennemis qui s'en servoient contre l'Armée Royale elle-même ; ce furent même les seules qu'ils tirèrent dans la retraite, le désordre étoit à son comble.

M. *de Sombreuil* qui n'étoit encore connu à l'armée que par la brillante réputation qu'il s'étoit acquise sur le Continent, ne voyoit lui-même aucun moyen de le réparer, & répondoit froidement à un officier qui le consultoit, *il n'y a rien à faire;*

faire; effectivement sans les chaloupes canonnières
des Anglois qui foudroyerent & arrêterent les colonnes Républicaines, tout étoit irrévocablement
perdu & les ennemis entroient dans le fort avec
l'Armée Royale. Le Général *Boissieu*, Capitaine
de Grenadiers au Régiment Royal Louis, soutint
avec sa compagnie l'effort des tirailleurs, & pro-
tégea la fin de la retraite. Les troupes harassées
& découragées, les régiments d'Hector & Dudresnay réduits à moitié rentrerent dans la presqu'isle
en se plaignant de ce qu'on les avoit menés à la
boucherie, sans leur permettre de tirer un coup
de fusil, & en accusant de leur malheur le Général qui jusqu'alors avoit eu leur confiance.

Nous ne parlerons plus désormais de M. *d'Her-*
villy, sa blessure grave l'a empêché de jouer un
rôle dans les événements qui ont suivi l'affaire du
seize. Il fut emporté par ses gens dans la ma-
tinée du 21 suivant, & transporté presque sans
connoissance à bord de la frégate l'Anson qui a
dû le conduire en Angleterre; ses amis trouveront
peut-être que nous en avons dit trop de mal, tandis que ses ennemis nous accuseront de partialité,
ou au moins d'indulgence. Nous n'avons eu
d'autre but, nous le répétons encore, que de dire
la vérité: & comme il est rare qu'elle se trouve à
côté de l'esprit de parti, nous devons naturelle-
ment

ment déplaire à tout le monde. Ce qu'il y a de
certain c'est que si l'on peut blâmer quelques-unes
des dispositions militaires du Général *d'Hervilly*
ou l'accuser de torts aux quels sa vivacité natu-
relle a pu quelquefois l'entraîner, nous croyons
que ses intentions ont toujours été pures, & qu'il
n'a échoué que par trop d'ambition de bien
faire.

Les troupes étoient rentrées très-mécontentes
après l'affaire du 16, & les mauvais sujets qui
avoient été contenus jusques là par les succès,
commençoient à calculer que les Républicains
pourroient bien être victorieux dans l'Ouest,
comme ils l'avoient été dans le Nord, & sentoient
renaître dans leurs cœurs des sentiments que l'ex-
emple avoit eu peine à étouffer, & la discipline à
contenir. La désertion se mit principalement
dans le régiment Royal Louis, & il perdit du 16
au 20 près de cent cinquante hommes. On connoissoit l'endroit par lequel ils désertoient, on
savoit qu'en passant dans l'eau à marée basse, ils
se trouvoient à une très-grande distance du fort.
On pouvoit employer les Chouans à garder ces
passages, c'étoit même le genre de service auquel
ils étoient le plus propres, & ce ne fut que le 19
que l'on commença à s'en servir. Ils arrêtèrent
un caporal qui étoit dans la mer jusqu'au col, il

E 2

avoua

avqua qu'il étoit le dernier de trente qui avoient fait le complot de s'en aller, qu'ils ne se plaignoient nullement de leurs officiers, & que la faim étoit la seule chose qui les eût décidés à déserter.

Que l'on rapproche maintenant cette réponse avec ce que nous avons dit plus haut, & que l'on demande ce que M. *de Puisaye* faisoit alors ; on répondra qu'il vivoit au Quartier Général avec un luxe Asiatique ; qu'il donnoit ordre au Commissaire de déranger tout un magazin, pour trouver sous les ballots un filet pour prendre le poisson destiné à couvrir sa table ; que se fiant sur ce qu'il appelloit lui-même son heureuse étoile, il ne se donnoit pas même la peine de visiter les postes : qu'il distribuoit des croix de St. Louis, des médailles & des brevets aux officiers & soldats qui s'étoient distingués le seize. Il faisoit mettre à l'ordre la nouvelle de six avantages remportés auprès d'Auray dans une seule journée sur les Républicains, par l'armée des Chouans aux ordres de M. *de Tintiniac*, & les soldats euxmêmes commençoient à rire de ces fanfaronades.

On avoit fait débarquer le dix-sept la division aux ordres de M. *de Sombreuil*, elle étoit composée de cinq régiments d'infanterie Salm, Damas, Béhon, Rohan & Périgord, tout cela ne formoit

que

que huit à neuf cents hommes en état d'agir,
mais c'étoit des troupes sûres dont la plûpart s'é-
toient déja distinguées sur le Continent, & chacun gémissoit ou de ce qu'elles étoient arrivées si
tard, ou de ce qu'on ne les avoit pas attendues
pour les charger de tourner les retranchements de
Ste. Barbe. Enfin tous les yeux se fixoient sur
M. *de Sombreuil* ; sa belle tournure, son brillant
courage, les talents qu'il avoit déjà développés sur
le Continent lui concilioient tous les suffrages &
tous les vœux de l'armée. On espéroit que le commandement des troupes de ligne auquel son grade
de Colonel au service d'Angleterre sembloit natu-
rellement le porter, alloit être reconnu à l'ordre,
que du moins jusqu'à la guérison de M. *d'Her-*
villy, le Général *Puisaye* se reposeroit des détails
de l'armée, sur un officier aussi actif & aussi
intelligent. Point du tout, à peine sa division elle-même a-t-elle reçu des ordres parti-
culiers.

M. *de Langlet* comme premier Aide-Maréchal
des Logis a continué à donner l'ordre qu'il recevoit directement de M. *de Puisaye*, & dès lors
l'inquiétude des troupes de ligne a redoublé.
Cette inquiétude, qui étoit alors balancée par
l'incertitude du traitement qui les attendoit si
elles étoient forcées par les Républicains, fut totalement

talement dissipée par une fausse démarche de M.
de Puisaye & de son Etat-Major.

Le 18 après midi, il étoit à cheval dans la
falaise, une troupe d'officiers l'entouroit, lorsqu'il apperçut une troupe à-peu-près pareille
d'officiers Républicains, aussi à cheval. On s'a-
vance de part & d'autre en parlementaire, & les
officiers Républicains ont d'abord l'air de vouloir
éviter un entretien qu'ils s'étoient peut-être mé-
nagés à dessein, à cause des rapports des déserteurs.

Ils ont l'air de s'attendrir sur le sort de leurs
prisonniers, " tout ce que nous désirons," di-
sent-ils, " c'est que vous traitiez nos blessés com-
" me nous traitons les vôtres, nous avons dé-
" chiré nos chemises pour les panser," (les bar-
bares ! ils en avoient achevé eux-mêmes sous les
yeux de l'Armée Royale,) " vous avez perdu un
" digne officier," ajoutèrent-ils, " M. *de Ta-
" louet*, nous l'avons bien regretté ; " enfin ils
sont parvenus à découvrir par ruse & par artifice,
ce qu'il leur importoit de connoître. Ils ont
comparé les réponses avec les rapports des déserteurs, " croyez vous de bonne foi," dirent-ils au
Marquis de *Contades* avec une bonhommie af-
fectée, " qu'avec le peu de monde que vous étes
" vous

" vous puissiez nous vaincre, lorsque deux cents
" mille bayonettes n'ont pu y réussir."

" Ce n'est pas avec des bayonettes," répondit
M. *de Contades*, " que nous espérons de réussir,
" mais c'est par la force de l'opinion dont vous
" connoissez si bien l'empire. Nous avons avec
" nous des millions, & des vivres pour nourrir une
" armée de vingt mille hommes pendant six mois.
" Eh bien, nous vous dirons à vous-mêmes, venez
" partager en frères, cet argent & ces vivres avec
" nous. C'est ainsi que nous vous combattrons,
" & nous ne doutons pas que les bons François
" qui sont plus égarés que coupables, ne se réu-
" nissent bientôt à nous."

On se propose de se serrer la main, l'officier Républicain s'y refuse ; " non pas aujourd'hui," ré-
pond-il, " nous nous reverrons ; mais vous de-
" vriez, ajouta ce dernier, écrire à *Tallien*, il est à
" l'Orient, vous devriez vous arranger." On se
sépare enchantés les uns des autres ; les Républicains n'avoient pas le moins de sujet de l'être, ils se
promettoient de jouir bientôt, sans partage, de ces
trésors apportés à Quiberon. Leur cupidité leur
en exagéroit d'avance la quantité, comme l'imposture & la jactance l'ont fait depuis dans le rapport à la Convention.

 Quoi-

Quoiqu'il en soit, au lieu d'entourer cette entrevue des ombres du plus profond mystère, on l'a divulguée avec rapidité, & les soldats qui en ont conclu que le régime de la terreur étoit passé, ont considéré avec moins d'effroi la possibilité de tomber entre les mains des Républicains.

La nuit du 20 au 21 il faisoit un tems épouvantable, un vent d'Ouest très-violent, une pluie battante, un de ces tems qui favorisent les surprises, & qui devroient engager à se tenir encore plus sur ses gardes. Loin de prendre une mesure de plus, il semble qu'on ait même négligé les mesures ordinaires. La garde du fort étoit confiée à son Commandant M. *de Folmont*, officier de génie, deux des régiments nouvellement arrivés en avoient la garde ordinaire, & cette garde avoit comme de coutume été renforcée vers neuf heures du soir par un demi-bataillon du régiment Royal Louis, c'étoit le demi-bataillon de droite du premier bataillon qui cette nuit là faisoit ce service. Les troupes étoient plus occupées de chercher des abris que de la surveillance si essentielle pendant une telle nuit.

Quelques officiers de garde ont avoué depuis qu'ils avoient vu une grande quantité de patrouilles ; mais ces patrouilles étoient habillées

de

de rouge, donnoient le mot de ralliement & pas
soient librement. Les ennemis, conduits par des
déserteurs qui étoit bien au fait de la position du
fort & de la manière dont il étoit gardé, filant un
à un à marée basse & grimpant sur les rochers,
étoient déjà parvenus au haut du dongeon, &,
chose inouie, ce poste que l'on avoit gardé avec
tant de soin dans la journée du six, on n'y avoit
mis personne dans la nuit du 20 au 21. Quelques artilleurs étoient endormis sans feu au corps
de garde, un de leurs officiers entend du bruit,
sort, est au moment de tomber entre les mains
des Républicains déjà maîtres du dongeon, & n'a
que le tems de courir aux pièces pour tirer les
trois coups de canons d'allarme. Il ne put jamais parvenir à en tirer que deux, les mêches
étant éteintes, & la poudre mouillée. On ne
put hisser de lanterne au mât de pavillon, puis-
qu'il étoit déjà en la possession des Républicains,
& l'escadre Angloise qui ne voyoit point les signaux convenus, ignoroit ce qui se passoit, & ne
faisoit aucun mouvement.

Cependant on bat successivement la générale
dans tous les cantonnements. Le second bataillon du régiment Royal Louis qui étoit dans le village le plus voisin arrive le premier, ayant à sa
tête son digne & respectable Lieutenant-Colonel

M. *d'Atilly*. Le Commandant du fort étonné que dans le retranchement on reçoive des balles du dongeon, croit que c'est une méprise, il va avec la seconde compagnie de grenadiers de Royal Louis sur le glacis, crie, *Vive le Roi!* & leur dit qu'ils se méprennent.

Les Républicains répondent par le cri de *Vive la République!* engagent les grenadiers à les joindre, leur promettent la vie, & les lâches mettent bas les armes. Environ quinze d'entre eux fidèles à l'honneur & à leur serment, se retirent avec leurs officiers, & essuyent en se retirant le feu des Républicains & de leurs anciens camarades. Ce fut alors que M. *d'Atilly* reçut trois balles qui décidèrent de son sort; on le porta chez lui, il y arriva mort.

Les colonnes ennemies avançoient pendant ce tems-là dans la falaise, ou plutôt dans la mer. Leur colonne de gauche y étoit jusqu'au col, avec le projet de tourner entièrement le fort par la droite, lorsque le feu d'une batterie de trois pièces bien servies, mit le désordre dans cette colonne & la força d'abandonner son projet, de traverser la falaise, & de se réunir à leur colonne droite. Ils continuent d'avancer & s'emparent des retranchements, ils chassent devant eux les troupes à mesure qu'elles arrivent; une partie capitule &

met

met bas les armes, un autre soutient la retraite par un feu soutenu, pendant que les Chouans, quelques blessés, & les officiers dont les soldats avoient capitulé, s'embarquent dans les chaloupes qu'ils trouvent sur le rivage, & gagnent avec beaucoup de peine les vaisseaux Anglois.

MM. *de Rotalier, de Contades, de Damas* & beaucoup d'autres s'occupent jusqu'au dernier moment à arrêter les ennemis, ils sont enfin acculés à la mer où il ne se trouve pas une seule chaloupe, ce qui force les officiers & les soldats à se rendre. Ceux qui étoient à cheval se jettent à la nage ; MM. *de Rotalier* & *de Contades* trouvent leur salut dans ce parti, le vertueux & brave Baron *de Damas* y trouve la mort ainsi que M. *de Langlet*.

M. *de Sombreuil*, dont la division étoit cantonnée le plus loin, ne peut prendre d'autre position que celle d'un moulin en avant de St. Julien au fond de la presqu'isle; il y arrête l'ennemi un instant, se retire ensuite dans le fort neuf, & forcé enfin de se rendre faute de munitions, il s'avance vers l'officier Républicain : " je ne vous de-
" mande rien pour moi," lui dit-il, " je me rends;
" faites de moi ce qu'il vous plaira, je vous de-
" mande seulement la vie pour les braves gens

" que

" que j'ai l'honneur de commander, & qui sont
" ainsi que moi victimes de la perfidie & de la
" lâcheté." Le Général Républicain lui promet
plus qu'il ne peut tenir, lui laisse ses armes, & se
trouve plus honoré sans doute d'avoir un tel pri-
sonnier, que de tous les succès de la journée.
Quelques individus de cette division sont parvenus
à se sauver, mais malheureusement le nombre en
est très-peu considérable. —

Enfin après les horreurs d'un pareil événement,
on se cherche sur les différents vaisseaux Anglois.
Le Général en Chef, peu digne de ce nom, puis-
qu'il n'avoit paru nulle part, & étoit déja embar-
qué à 4 heures du matin (le premier de son armée),
s'occupe à reconnoître le nombre de ceux qui
avoient échappé. A peine sur près de cinq mille
hommes de troupes de ligne s'en est il trouvé cinq
cents. Les Chouans, femmes & enfants, se sont
sauvés à-peu-près dans la même proportion, les
Républicains les ont poursuivis dans la presqu'isle
avec un acharnement barbare.

Le Général *Puisaye* est à bord du Commodore,
il le presse encore de tenter quelque nouvelle en-
treprise avec des soldats échappés sans bas, sans
souliers, sans armes & la plupart sans habits. Il
passe le jour dans l'isle d'Houatte, mais il se garde
bien d'y coucher, de peur d'être enlevé par quel-

que

que patrouille. Sir *John Borlase Warren* se refuse à sacrifier les débris de l'armée à l'ambition d'un individu, & attend les ordres de sa Cour. Il vient de faire partir les blessés, officiers & soldats qui ont eu le bonheur de s'échapper, ils sont au nombre d'environ 150.

Nos désastres sont affreux sans doute, un désespoir cruel a dû s'emparer de tous les cœurs François ; mais aujourd'hui, c'est à réparer nos pertes que nos desirs & nos efforts doivent tendre plus que jamais. La cause de la Religion & de la Royauté ne sauroit s'effacer du cœur de la Noblesse Françoise, & son courage doit s'accroître en proportion des obstacles & des dangers. Sous les ordres du Prince auguste qui marche en ce moment à sa tête elle doit être invincible ; mais elle n'oubliera sûrement jamais que si son métier est de vaincre, son devoir est de pardonner.

F I N.

La Révolution Française à Geneve par M. d'Ivernois—3 sh.
N. B. Cette seconde édition contient 100 pages de plus que
la précédente, & conduit l'Histoire de la Révolution de Geneve jusqu'en Juillet 1795.
Promenade autour de la Grande-Bretagne, précédé de quel-
ques Détails sur la Campagne du Duc de Brunswick, par
un Emigré Français, Hambourg 1795—8vo. br. 5 sh.
Journal d'un Emigré de 14 Ans, 1795—in-12. br. 2 sh.
Mémoires Posthumes du Général Français, Comte de Custine,
rédigés par un de ses Aides de Camp, Hambourg 1794—
2 vol. 8vo. br. 6 sh.
Appel à l'Impartiale Postérité, par la Citoyenne Roland,
Femme du Ministre de l'Intérieur, en Quatre Parties; édition de Paris 1795—8vo br. 10 sh.
Paul & Virginie, par Jacques-Bernardin-Henri de St. Pierre
—Petit in-12. br. 2 sh.
Journal sur Fabrick, Manufactur, Handlung und Mode.
On trouve chez le même des Collections du MONITEUR,
du 22 Mars 1793 jusqu'à la fin de Janvier 1795, à l'ancien
prix; étant pour completter les suites de l'époque du 21
Mars 1793, où ils furent discontinués. Il ne reste qu'un
seul exemplaire d'une collection depuis le commencement
du *Moniteur* en Novembre 1789.

LE MERCURE UNIVERSEL,

Qui s'imprime à Francfort sur le Mein & paraît tous les jours,

Est maintenant le papier public qui fournit les premières nouvelles de l'Italie, de l'Allemagne, du Nord & des Armées.
Aucun feuille ne rend compte d'une maniere aussi détaillée de
ce qui se passe dans l'intérieur de la France, soit à Paris, soit
dans les départemens. Indépendamment des nouvelles poli-
tiques & des événemens de tous les pays, ce journal rend un
compte exact de toutes les opinions qui se trouvent dans les
journaux de France, & de tous les livres nouveaux qui parais-
sent dans la République Française pour ou contre la Révolution. Il réunit de cette maniere tout ce que la foule d'écrits
que la Révolution fait éclore, offre de piquant & d'intéressant.
On peut ajouter à ces détails que ce journal s'est fait distinguer
par l'impartialité la plus scrupuleuse autant que par un style
pur & une rédaction soignée.

Les personnes qui désireront s'abonner à ce journal sont
priées de s'adresser à J. DE BOFFE, Libraire, No. 7, *Gerrard-
Street, Soho.* Ce journal est composé de 8 pages d'impression,
format in-8vo.

290